Knud Eike Buchmann

Gedanken für dich

Knud Eike Buchmann

Gedanken für dich

mit Fotografien von
Anselm Spring

Herder Freiburg · Basel · Wien

INHALT

DENKMAL

In Stein gehauen oder in Bronze gegossen stehen die von uns gemachten Bilder vom Menschen auf dem hohen Sockel der Anerkennung.

Oder es wird an menschliches Leisten und Leiden erinnert. Erinnern! Wir heute Lebenden sollen uns an etwas erinnern, was wir gar nicht mehr kennen. Zugleich mag ein Denkmal eine Erinnerungsstütze sein, die eigentlich nicht nötig wäre: Jene Menschen, die Großes vollbrachten, leben in ihren Werken und Ideen fort – sie bedürften keiner ehernen Verkörperung auf Plätzen oder in Parks.

Aber da ist die Stadt, die einen zum ‚Großen Geist' gewordenen Bürger ehren und zugleich Besitzansprüche geltend machen will. „Er war einer von uns – und wir sind ihm ähnlich", mag man denken – und man benennt Straßen oder Plätze nach dem Verblichenen.

Eine ganz andere Bewertung erfahren Monumente von nationaler oder internationaler Bedeutung. Ich stehe vor der ‚Hungerharke' in Berlin – und die lebensrettende Luftbrücke nach dem großen Krieg wird mir wieder gegenwärtig.

Das ‚heroische' Niederwalddenkmal hoch über dem Rhein läßt Geschichte deutlicher werden – und läßt zugleich aus dem neugewonnenen Demokratie-Verständnis ein lächelnd-ungläubiges Kopfschütteln entstehen ...

Die vielen Gedenkstätten für die Opfer der Gewaltherrschaft in Konzentrationslagern oder Hinrichtungsstätten lassen schweigen. Im Elsaß ist der Hartmannsweilerkopf, eine Anhöhe zwischen vielen, Symbol für unsinnige, nicht mehr verstehbare Völkerfeindschaft, als Schlachtfeld und Gedenkstätte erhalten. Dort hinauf sollte man bei Nebel, Kälte, Regen steigen, um in der Phantasie die Leiden jener Soldaten des ersten großen Krieges zu erahnen ...

Ob Denkmäler helfen? Haben sie Sinn? Können sie das vermitteln, was ihre Stifter mitteilen wollen?

Sicherlich werden sie beim Betrachter nur das zum Mitschwingen bringen, was in ihm ist. Wer keinen Zugang zur Geschichte findet, wird blind an den Denkmälern vorbeilaufen ... Burgen, Kirchen, mittelalterliche Häuser oder veraltete technische Anlagen werden in den Rang eines Kulturguts gehoben. Ob das das ‚Denk-mal-daran' fördert? Alte Bäume werden zu Naturdenkmälern erklärt. Denken wir deswegen mehr an den Wert alter Bäume? Denken wir öfter an die Toten, wenn wir ihre Grabsteine erblicken? Ist das Ehrenmal geeignet, Ehre der Vergangenheit in die Zukunft zu übertragen?

Ich habe ein ambivalentes Verhältnis zu den Denkmälern, die oft nur die Tradition vergangener Zeiten restaurieren wollen ... Wenn sie als Gedächtnishilfen Zusammenhänge verstehbarer machen, wenn sie geschichtliches Verständnis verbessern und wenn sie zum Innehalten Anlaß geben, erfüllen sie nach meiner Vorstellung ihren Sinn.

Denkmäler verlieren oder gewinnen an Bedeutung, ohne daß man die Tendenz zum Zeitpunkt ihrer Errichtung vorhersagen könnte. Immer aber werden sie einen Rückschluß auf die emotionale Verfassung jener zulassen, die sie errichteten ... Und sie lösen Gedanken oder Gefühle im Beschauer aus – letztlich sind sie ‚Steine des Anstoßes': Denk-mal ...

DENKMAL

BLUMENSTRAUSS

WIR ERFREUEN UNS AN IHM. Er ist ein Mittler: Zwischen Menschen schenkt er gute Empfindungen; zwischen der Natur da draußen und der Kultur hier drinnen verströmt er Farben; zwischen dem Noch-lebendig-Sein und dem Bald-Sterben vermittelt er das Bewußtsein der Vergänglichkeit.

Die frisch gepflückte Blume weiß wohl noch nicht von ihrem Abgetrennt-Sein von ihren Wurzeln, die als Leben in die Erde reichen. Sie verschenkt ihre Schönheit mit dem Tod ihres Welkens. Im kunstvoll geformten Gefäß gehalten, symbolisiert sie uns die uns innewohnende Natur, ja, sie steht stellvertretend für unser Leben als Mensch! Sind wir nicht in unseren oft menschenfeindlichen Bezügen losgelöst von der uns tragenden Verbindung zum All, von allen Gewißheiten einer gesicherten Menschheitsexistenz?

Wie die Blume in der Vase sind wir vorübergehende Besucher zwischen Zeugung und Tod. Und anders als die Pflanze vermögen wir einen Teil des Lebens, der uns zugewiesen ist, zu beeinflussen. Zumindest nehmen wir dies an! Wir können unseren ‚Welkungsprozeß‘ nicht verhindern; wenn's gut geht, vielleicht etwas verzögern. All unsere Ungesichertheit rührt aus dem Verlust der Wurzeln – und all unser Lernen setzt diese Ungesichertheit voraus.

Wollen wir nicht aus dem Erleben des Unsicherseins heraus überall Wurzeln eingraben? Wir bauen unser Haus, pflanzen Bäume, graben die Gedanken in Druckseiten von Büchern, hinterlassen in unseren Kindern Spuren unseres Dagewesen-Seins ... Versuchen wir nicht, uns an Ideologien und Vorurteilen festzuklammern? Möchten wir nicht im Glauben fest, im Handeln stark sein? Will unsere Wissenschaft nicht Sicherheit? Verehren wir nicht ‚harte‘ Tatsachen, ‚klare‘ Entscheidungen, ‚eindeutige‘ Beweise ...?

Ahnen wir nicht, daß wir immer nur Teile des Gesamten, des Kosmos, kennen? Zerteilte, oft zertrümmerte Aspekte mögen wir für das Ganze halten ...

Und die Blume in der Vase? Manchmal werde ich gescholten, sie abgepflückt zu haben. Aber ich habe keine Wurzel zerstört, kein Leben getötet. Ja, vielleicht habe ich die Kraft der Pflanze durch den Schnitt sogar gefördert? Die abgepflückte Blume verdeutlicht uns, wenn wir's recht betrachten, unsere ständige Wandlung: Wir hatten ein Gestern, wir erleben ein Heute und wir werden – vielleicht – ein Morgen haben. Wir sollten uns ebensowenig an das Gewesene klammern, wie wir nicht voller Angst an das Zukünftige denken sollen. Lassen wir uns durch die blühende Blume immer wieder daran erinnern, daß das Vergangene im Moment lediglich die Vorbereitung auf das Zukünftige ist – und leben wir jetzt! Alles ist ein Übergang.

SCHALE UND VASE

GEFÄSSE. BEHÄLTNISSE. Sie werden nie nur für sich geschaffen, sondern immer auch, um uns Wichtiges aufzunehmen. Wie mag es in der frühen Menschheit gewesen sein? Damals als Vorratshaltung möglich wurde, müssen wohl Gefäße vorhanden gewesen sein. Hat man beobachtet, wie sich in lehmigen Trittspuren Wasser sammelte? Ob man erkannte, daß man aus Schilf oder Weidenruten Gefäße flechten kann, um darin etwas zu bewahren?

Aus den Behältnissen, in denen man Wichtiges verwahren kann, z. B. die Saat für das nächste Jahr, werden mit zunehmendem Wohlstand Kult- und Kulturgüter. Kunstvolle Schalen finden wir in allen Kulturen; faszinierend sind römische oder mittelalterliche Arzneifläschchen, beeindruckend schlicht und voller Schönheit sind heutige Glaskreationen. Sie bedürfen oft der Blume gar nicht mehr, sie sind für sich gesehen schön.

Ist es eine Frage, was das Bedeutendere ist: das Gefäß oder der Inhalt? Eine Metapher sagt so richtig: „Die Form, das ist ein Goldgefäß, in das man goldnen Inhalt gießt". Unlöslich miteinander verbunden, bedingt beides einander symbiotisch.

Die Schale vor mir aus schlichtem Holz ist vielleicht irgendwo in Afrika geschnitzt worden. Ihre Maserung strukturiert die Gesamtheit – und sicherlich nicht zufällig hat der Künstler gerade am bauchigen Teil des Gefäßes die Jahresringe ellipsenförmig auslaufen lassen. Welch warmes Licht das Holz in der Sonne zeigt! Die Öffnung saugt Wärme auf. Ich setze mich neben diese Schale, halte die Hände schalenhaft im Schoß, werde und bin Schale, nehme Sonne, Wärme auf. Die gebenden und nehmenden Hände sind Schalen.

Wir sollten öfters Gefäß sein.

Haben wir nicht eine Unmenge von Gefäßen in uns? Der Mensch besteht aus Räumen, die aufnehmen, sammeln, umwandeln und abgeben.

Was bewirkt die wärmende Sonne in mir? Weite, Gelassenheit, Fülle ...

In der Vase steht eine Blume – stellvertretend für die ganze Natur. Es ist eine nicht nur asiatische Kunst, einer Blume das adäquate Gefäß als vorübergehende Behausung auszusuchen. Beides kann einander erdrücken, belasten – aber bei der angemessenen Abstimmung aufeinander spürt man förmlich Harmonie, sich bedingende Ergänzung. Jedes wird ein Teil des anderen.

Mit den Augen anfassen ... Unterschiedliche Lichteinfälle ... Ruhende Gelassenheit ...

Können wir einander Gefäße sein?

AUF EINER GRIECHISCHEN INSEL lasse ich mich vor einer kleinen Bucht aussetzen. Mit dem Boot fahre ich an den Strand, der aus Steinen besteht. Aber was für Steine! Kopf-, faust- und eigroße weiße Kiesel von unglaublicher Wohlgeformtheit.
Steine stürzen die steile Küste herunter, um im Wogenbad der Brandung geschliffen zu werden. Jetzt, im frühen Sommer, finde ich Hunderte von Prachtexemplaren im klaren Wasser. Sie liegen in ihrer Härte so wunderbar weich in der Hand, daß ich ganz verzückt bin. Wie es wohl Sammlern immer geht: rasch wachsen die Ansprüche; nur die allerschönsten Steine werden mitgenommen.
Meine Steinsammlung ist nicht groß. Aber meine Achtung vor den Steinen ist groß. Nordseesteine, Alpenkiesel und Mitbringsel von Freunden aus aller Herren Länder zieren Fensterbänke, Gläser oder die Terrasse.
Der Stein, den ich irgendwo finde, ist der Zeuge einer längst vergangenen Zeit. Wir Menschen lieben Steine als Zeichen der Kraft. Vielleicht denken wir hier in erster Linie an – zum Teil geheimnisvolle – Edelsteine, denen wir besondere Qualitäten zusprechen. So stellen sie zum Teil Sinnbilder des himmlischen Lichts oder der Wahrheit dar. Ihnen wurden und werden Heilkräfte nachgesagt. Das Reich der Mineralien war den Indianern Nordamerikas, den Europäern, den Südseemenschen oder den Asiaten ein Quell ständiger Energie. Ihre Geheimnisse wurden kultisch gepflegt – und sie sind auch heute nicht ohne Bedeutung.
Der Mensch hat seit alter Zeit naturbelassene oder behauene Steine zur Abwehr böser Mächte aufgestellt. Menhire oder Steingräber sollten den Verstorbenen Macht und Schutz beim Hinüberwechseln in die andere Welt geben. Wer weiß noch, daß auch unsere Grabsteine den Toten Schutz vor feindlichen Mächten geben sollten, daß in den Steinen die Seelen der Toten weiterleben sollten? Für den Islam ist noch heute ein schwarzer Meteorit, der Hadschar al-aswad in Mekka, Kernstück der Kulthandlungen.
Unsere täglichen Steine in der Natur sind elementarer, einfacher, unscheinbarer. Da liegt ein größerer Stein am Wegrand; die Wege werden um ihn herumgezogen. Ob so der Sinn des Grenzsteins zu verstehen war? Heute haben solche Steine ausgedient. Als Symbole harter Wirklichkeiten von einst sind sie heute samten mit Moosschichten überwachsen – und unter solch zärtlicher Haut sind sie zu Zeugen vollkommener Geduld geworden.
Im Flußbett liegen die geschliffenen Eiszeitgesellen, längst vom Schnee und Wasser wohlgefällig geschliffen. Die Eiszeitgletscher haben riesige Blöcke auf den Feldern hinterlassen. Vulkaneruptionen haben Steine aus dem Inneren unserer Erde über die Landschaft gestreut. Riesige, glattgehobelte Granitblöcke können wir in Nordamerika und anderswo hinauflaufen. Die bizarren Formen der Callange auf Korsika sind noch immer nicht voll erklärbar; Tropfsteinhöhlen bergen oft klingende Schönheiten. In Stein hauen wir Denkmäler, aus Steinen baute der Mensch Burgen wie Tempel …
Am liebsten aber bleiben mir handfreundliche Steine, die durch die Elemente ihre Glattheit, ihre Harmonie erhielten. Einen solchen Stein in den Händen zu halten, ist, wie ein Stück seiner uralten Kraft in sich aufzunehmen.

STEIN

„VERWEILE DOCH, DU BIST SO SCHÖN“ ... läßt Goethe Faust sprechen. Und: „... der den Augenblick ergreift, das ist der rechte Mann.“ Wie ergreifen und begreifen wir die Realität? Wir haben Apparate zwischengeschaltet, wir fertigen uns Ab-Bilder! Aber es ist nicht die Wirklichkeit. Wie Worte nur Symbole der Wirklichkeit sind, sind fotografische Bilder nur eingefrorene Augenblicke, die längst vergangen sind.

Das Foto, das ein anderer Mensch ‚schoß‘, ist mir fremder als das von mir selbst aufgenommene. Ich nehme etwas wahr, was in mir die unterschiedlichsten Empfindungen weckt. In der Meinung, daß dieses Wahrgenommene wert sei, konserviert und mitgeteilt zu werden, lichte ich es ab. Aber die Wirklichkeit habe ich nicht auf den Film gebannt – vielleicht wird mir später beim Betrachten des Bildes ein Stück meiner Wirklichkeit wieder bewußt – aber nachvollziehbar für andere? Wie schwer ist das!

Wir leben in einer Bildergesellschaft! Das Fernsehen, die Illustrierten, die Comics ... spiegeln uns eine Welt wider, wie sie sein könnte! Das Abgebildete in seiner Einmaligkeit und zeitlichen Begrenztheit ist anfaßbar geworden.

Der Fotoapparat zwischen mir und ‚Dem-da-Draußen‘ soll die innere mit der äußeren Wirklichkeit versöhnen: Gedanken, Hoffnungen, Gefühle und Träume sind das Innen; das Äußere ist die durch unsere Sinnesorgane wahrgenommene Realität.

Mit dem Gerät zerstören wir letztlich jenes sonderbare Gefühl von Raum und Zeit, das jedes Objekt umschließt und zu einer Einmaligkeit werden läßt, die Aura muß zertrümmert werden, um der Reproduktion des Einmaligen zu weichen.

Erleben wir nicht immer wieder beim Betrachten unserer Bilder ein Empfinden der leichten Unzufriedenheit, weil die Atmosphäre, die Stimmung fehlen? Begeistert drücken wir beim Sonnenuntergang den Auslöser ... und das Abbild ist dann oft ..., nun ja!

Wenn wir uns alte Fotoalben ansehen, spüren wir einen Zeitgeist; erst in der Nachbetrachtung erinnern wir uns oft des Geschehens von damals: Erinnerungen sind Bilder! Und es ist wichtig – besonders im Alter –, Erinnerungen zu haben, ohne dabei die Gegenwart zu vergessen.

Meine Fotoapparate sind technische Mittler zwischen Zeiten und Menschen, zwischen Draußen und Drinnen, zwischen Wunsch und Wirklichkeit ...

Wenn wir Kindern und Enkeln Leben – *unser* Leben – erklären oder nahebringen wollen, werden wir Bilder benötigen. Wir werden Wörter verwenden, wir werden von unseren Bedeutsamkeiten sprechen – und hoffen, daß wir verstanden, gar geliebt werden.

Aber bleiben wir bescheiden: Unsere Fotoalben enthalten nur kleinste, subjektive Ausschnitte des Lebens – oft schöngefärbt, weil die Regenbilder meistens fehlen ...

Ich habe mir ein zweites Kamerasystem zugelegt: In der stillen Betrachtung einer Landschaft oder eines schönen Gegenstandes bilde ich etwas davon in meinem Inneren ab, um mich stets wieder daran erinnern zu können. So kann ich aus der Dunkelkammer meiner Erinnerung Farben, Gestalten, Melodien oder Wärme hervorzaubern ... In schwierigen Zeiten sind mir auch diese ‚Bilder‘ als eine Ästhetisierung von Welt bedeutsam ...

NATÜRLICH MERKE AUCH ICH immer wieder, wie gern ich dem verdorbenen Intellekt nachgeben möchte, um, angeblich der Vernunft gehorchend, eben doch nichts zu tun ... Aber auch der Verstand muß zugestehen, daß jenseits der großen Trägheit der Körper seine Erfahrungen gesammelt und nicht vergessen hat. Ich dränge mit dem Freund, trotz aller dagegensprechenden vernünftigen Gründe, trotz des Wetters, in den Wald, zur Bewegung in der Natur. Wir lösen uns vom städtischen Getriebe, fahren mit Straßenbahn und Bus, zuletzt ein Stück mit der langsamen Seilbahn hinein in die Nebelwolken-Einsamkeit. Wenngleich die Gondelbahnbetreiber noch den Kopf schütteln, fühle ich, daß es gut wird.

Oben müssen wir in Wolken unseren vorgesehenen Weg suchen – und finden ihn. Die triefende Feuchtigkeit eines regennassen Waldes umfängt uns und läßt uns kühle, frische Baumluft atmen. Schon in Nebelwolken-Fetzen sind wir zugleich in Schweigen, in Wald, in Empfinden, in uns ... getaucht. Schemenhaft tauchen einzelne Bäume auf. Es tropft. Frisches Grün. Ungeöffnete Blumen lassen die Fülle des Lebens ahnen ... Hier, im Alleinsein mit den Bäumen des hohen, schwarzen Waldes, werfen wir alles ab, was uns an das ‚Da-Unten' und ‚Vorhin' band ... Zeit, Tun, Fassade ... verschwinden. Wir sind ganz wir, ohne Alter, ohne Ver-Stand, nur Ver-Stehen, Be-Wegung und bewegt. Wir atmen Ruhe; das Gehen rhythmisiert Puls und Atmung gleichermaßen ... Das feuchte Gras näßt die Schuhe; Zweige werfen, angestoßen, ihre gesammelten Tropfen auf uns. Aber es regnet nicht, es weht kein Wind; die Luft ist eher lau. – Wir verlieren Höhe und gewinnen Sicht. Das Schwarzwälder Münstertal wird unter uns frei. Aus dem Wald treten wir in die hohe Wiesenlandschaft, um im bläulichen Dunst alle Grünstufen am Horizont verschwimmen zu sehen.

Haben unsere Gespräche auch die Welt- und Privatprobleme oder -ansichten zum Inhalt, werden wir uns gewahr, daß die Natur alle Sprachen spricht und kennt. Wir werden uns hier der Antworten bewußt, weil wir in Bewegung sind, weil wir im Laufen die Antwort leben, bevor wir sie im Kopf als mögliche Wahrheit erfassen können ...

Nichts zu wollen, nichts zu müssen – gelingt beim Laufen in der Natur! Karl Jaspers hat einmal gesagt: „Was zum absichtlichen Zweck gemacht wird, wird gerade dadurch nicht erreicht." Wenn ich nach einer langen Wanderung in der Stille der Sprache und der Fülle der Sinne eine Nachbetrachtung wage, gewinne ich immer wieder neue Klarheiten auf nicht absichtsvoll gestellte Fragen ... Die Nacht- und Wochenprobleme werden, wie von unsichtbarer Schnur gezogen, in den Mittelpunkt des konstruktiven Erlebens gerückt ... und ein Stückchen weit geklärt.

Ja, ich weiß, daß ich in dem Mut zur Mühe all jene Kräfte gewinne, die ich zur Gesundheit in einer kränkelnden Gesellschaft benötige. „Die Energie, die wir benötigen, bekommen wir nur aus dem Strom, gegen den wir schwimmen." (L. Segebrecht) Nicht im Trend zu sein, läßt den Gondelführer den Kopf schütteln – und gibt mir das Empfinden zu wachsen.

Ich könnte, wollte nicht durch tote Räume gehen! Die Summe der Farben und Nuancen in dieser Umgebung erlebe ich als Teil meiner Selbst. Ich fühle mich hineingeworfen in

diese momentane Situation, die ich will – und derer ich ein Teil werde und bin. Hier bin ich, ohne Machtwillen, ohne Wunsch nach Einfluß, ohne Feindseligkeit ... nein, im Gegenteil: Ich bin im Glück mit meinem so gut funktionierenden Organismus, bin selig über meine Schuhe, bin freundschaftlich verbunden mit meinem Bruder Baum, mit meiner Schwester Kuh ... Hier muß ich keinerlei Verletzungen meines Lebens erfahren; im Gespräch mit dem Freund, in der stillen Zwiesprache mit der Natur erfahre ich keine Kränkung, keine Zerstörung meiner Empfindungen. Im Gleichklang der weiten Schritte, in der vertieften Atmung, in der Weite der Sicht ... verspüre ich keine Beeinträchtigung, die ins Fleisch, ins Gemüt, ins eigene Selbstverständnis schnürt. Ich laufe mich frei; fühle mich einerseits selbstbestimmt und doch unabänderlich eingebunden in die Gesetze dieser Natur, die unsere gemeinsame Heimat ist.
Im Gehen verliere ich das Gefühl, anders zu sein als alles, was um mich ist. Hier gibt es keine gewalzte Endgültigkeit eines alles tötenden Asphalts; hier durchwächst noch immer kraftvoll das junge Leben alle Begrenzungen. Fast müßte dieser alte, stacheldrahttragende Weidenstumpf austreiben ...
Im Gleichklang der Schritte verfliegt die Zeit, verwehen die Entfernungen. Aber: Die Füße sind in Ordnung, der Organismus ist belastbar, die Sinne sind wach ... Hier ist jetzt alles anders als mickriger Beschwerde-Gesang der Schwäche. Die Lust am Tun, der Jubel des Erlebens reißt alle Wolkenfetzen vom kränkelnden Grau blasser Gedanken. Ich ahne, daß wir nach allem Denken, nein, bereits nach dem Andenken von Problemen das Tun als Korrektiv erfahren, erleben, erleiden ... müssen. Wo in diesem Feld die Verbindung reißt, sind wir nicht mehr zum ganzheitlichen Leben fähig. Ist nicht immer wieder die Summe unserer Weisheiten unser angemessenes Bewegen in der Natur?

TREPPEN FÜHREN HINAUF UND HINUNTER. Treppen sind eine Frage des Standortes. Wir Menschen haben Treppen erfunden – und erleben uns immer dazwischen: Treppen führen zu Gottheiten empor und andere in die Gruft hinab. Sie sollen das Fortschreiten im schwierigen Gelände, Stufe für Stufe, erleichtern. Leitern, auch der geschlagene Steig oder Tritt im Gebirge, die Not- oder Feuerleiter am Hotel oder die Wendeltreppe in einem alten Burgturm, das Fallreep eines Schiffes ... sind Treppen, die Verbindungen erleichtern. Die Treppenverbindungen haben aber auch stets etwas Trennendes: Man muß sie überwinden, um zur ‚Gottheit', zum Herrscher oder Priester, zum Erfolg oder zur Weisheit und Erleuchtung vordringen zu können ... Am ‚Ziel' wird meistens deutlich, daß das Ziel noch weitere Stufen erfordert; Ziele sind vorläufig!
Trittstufen ermöglichen dem Menschen ein angemessenes Voranschreiten: (S)eine Last tragend, zumindest jene seines Körpergewichtes oder gar jenes seiner Jahre, nähert er sich schrittweise (s)einem Ziel. Da gibt es kleine, schmale Stiegen, die zu Kammern führen mögen – und da gibt es Prachtaufgänge zu Tempel- oder Opferstätten. Die Kleinheit der Steigenden soll durch die Gewaltigkeit des Gesamtarrangements verdeutlicht werden! Ist es nur ein Zufall, daß wir Treppen leichter hinunter- als hinaufsteigen? Ist uns Last abgenommen? Sind wir dem Ziel, der Versinnbildlichung unserer Sehnsüchte nahe gewesen? Der Aufgang aus Stufen ist aber immer auch in zwei Richtungen begehbar: Die Rettungsleiter am Wohnblock ist auch der Zugang für Diebe; die Karriereleiter, die man so mühsam-glücklich erklomm, kann man auch rasch wieder herunterfallen.
Menschen stehen immer zwischen Treppen, wie das Heute zwischen dem Gestern und dem Morgen. Wir können entscheiden, in welche Richtung wir gehen. Es wird kein Nur-Bergauf geben, weil das Leben wie das Gipfelfeld eines Gebirgsmassivs ist: Hinter Gipfeln gibt es Gipfel – sie zu erreichen, beinhaltet stets den gekonnten Abstieg, das Sammeln neuer körperlicher und seelischer Kräfte. Treppensteigen ist mühsam – Stufen zu vermeiden läßt uns dagegen zunehmend untrainiert werden. Und wer keine Treppen mehr steigen kann, lebt ausgesprochen eingeengt oder ‚be-hindert'!
Trotz ihrer Statik symbolisiert die steinerne Treppe das Lebendige: Sie fordert die Bewegung in mindestens zwei Dimensionen zugleich. Treppen zwingen zur Veränderung des Standortes. Auf dem ‚Weg nach oben' lassen wir auch stets Menschen hinter uns; wir sollten uns nach ihnen, ihrer Welt ... umschauen, ohne auf sie ‚herabzusehen'.
‚Oben' und ‚unten' sind auf Stufen, die als Hierarchien von Menschen gedacht werden, nur sehr relative Ortsangaben. Sicherlich sind es keine gültigen Beschreibungen für Wertskalen ... Irgendwo ‚oben' zu sein, muß in keiner Weise bedeuten, nun auch ein bedeutender Mensch zu sein!
In vielen Kulturen scheint das OBEN eine Stätte der verklärten Überhöhung (gewesen) zu sein. Der Acheron als Fluß der Unterwelt war unter den (griechischen) Menschen; die ‚ewigen Jagdgründe' waren jenseits der Flüsse in der Weite! Aber *oben* saßen die Götter ... unten die (Erd-, Wasser-, Moor-, Höhlen-) Geister. In allen Mythologien fühlen sich die Menschen zu Gast ‚dazwischen': immer wußten sie, daß die Wege über Treppen sowohl hinauf- als hinabführen ...

SCHNECKEN UND IHRE HÄUSER

Wenn wir langsam genug gehen, sehen wir auf Kalkböden im feuchten Untergrund die Weinbergschnecken ihre Bahn kriechen. Ein Riesenhaus schleppen sie mit sich herum. – Und dann muß ich lächeln; denn auch ich habe im Rucksack mein kleines Zelt dabei, werde mich in meinen Schlafsack rollen ... und wieder hervorkommen ...

Schnecken sind uns ein Inbegriff der Langsamkeit. ‚Schleicht' jemand im nach ihnen benannten Tempo vor uns her, verlieren wir rasch unsere Ruhe und Ausgeglichenheit. Warum eigentlich?

Dort, wo Touristen bummeln, gibt es Schneckenhäuser zu kaufen. Diese kleinen Kunstwerke aus Kalk sind mehr als nur gestaltgewordene Natur ... Das Prinzip der Spirale ist fast allen Häusern dieser Weichtiere gemeinsam. Ein gemeinsamer Ursprung – zu dem sich am Schneckenhaus auch alles zurückführen läßt. Aus der Mitte heraus leben – hier wird das Symbol konkret. Schnecken ziehen sich beim Unbill der Umwelt in sich selbst zurück – sie verziehen sich in ihre Mitte, in ihren Ursprung.

Die Schnecke ist Sinnbild des Weiblichen, ja, christlich-mythologisch gesehen ist sie sowohl Zeichen der Jungfräulichkeit und der Auferstehung. Indianische Kulturen zeigen die Windgötter in Schneckenhäusern, da sie auch die verborgensten Räume ausblasen können.

Die Natur gibt der Schnecke den Bauplan für ihr Haus – so vielfältig die Formen auch sein mögen, sie stellen in ihrem Spiralenwuchs ein Zeichen des Wachsens, Erneuerns und der unabänderlichen Gesetzmäßigkeit dar. Wer ein leeres Haus in der Hand hält, spürt mit den Fingern, wie das weiche Tier wohl gegen die äußere Rauheit geschützt war.

Einer kriechenden Schnecke nachsehen bedeutet mir, sich selber klar werden über die Hektik des ‚normalen' Lebens. Es sagt mir, daß ich staunen kann über die so unterschiedlichen Fortbewegungsarten. Es macht mich neugierig, mehr über Schnecken zu erfahren. Zu gern würde ich mich mit diesem empfindlichen Wesen unterhalten können, würde wissen wollen, warum es über diese Asphaltstraße kriecht ...

Dort, wo wir wenig wissen, blüht die Phantasie. Das Schneckenhafte bleibt geheimnisvoll. Ich sammle Schneckenhäuser ...

IRGENDWO AM BEWEGTEN WASSER auszuruhen, ist mir immer wieder eine große Freude. Am Wiesenbach oder oben im Gebirge, aber auch an der See oder am großen Strom, der meerwärts zieht, ist Ruhe und Besinnung so natürlich.
Die sanft-gewaltige Bewegtheit des Wassers signalisiert mir meine entstehende Ruhe. Lebt Wasser? Wohl nein und ja. Nein, weil ihm alle Kennzeichen des Lebens fehlen. Ja, weil es Mittelpunkt allen Lebens ist. Ohne Wasser gäbe es kein Leben! Aus dem Wasser kommt alles Leben. Das (gesunde) Wasser ist Mittelpunkt unseres (gesunden) Gesamtorganismus Welt. – Entwickeln wir nicht gerade jetzt ein neues, vielleicht sogar liebevolles Verhältnis zum Wasser? Verseuchtes Quellwasser, ‚tote' Flüsse, sterbende Meere ... haben ein ‚Wassergewissen' oder ein neues Wasserbewußtsein geschaffen.
Weit über die chemisch-physikalische Klärung dessen, was Wasser ist und sein soll, geht unser emotionales Verhältnis zum Wasser hinaus. Oberflächlich gesehen benutzen wir das Wasser ‚nur' zum Trinken oder Gartengießen, zum Feuerlöschen und zum Gütertransport – aber eben auch in der Freizeit als Medium des Schwimmens, Segelns und Surfens, des Skifahrens und des Eislaufens. Wir verbinden Wasser mit Sonne und Erholung. Und wir bewerten Wasser auch als ein mächtiges Symbol.
Wasser hat wohl in erster Linie etwas mit Reinheit und Klarheit zu tun; wir verbinden Fruchtbarkeit und Jugend mit diesem Element. In allen Religionen wird dem Wasser (unter anderem als Regen) eine hohe Bedeutung zugemessen: Ertragsfähigkeit, Wiedergeburt, Taufe, Säuberung, Regeneration und Wiederauftauchen spiegeln das wider.
Dem Wasser wird Wunder- und Heilkraft zugesprochen: Heilige Brunnen, heilende Quellen und geheiligte Flüsse zogen stets Menschen in ihrem Kummer an.
Aber der gesunde, tatkräftige Mensch liebt wohl stets den sprudelnden Lauf eines temperamentvollen, ungefaßten Wildbaches. Wer je auf solch einem Wasser Boot fuhr oder sich gar von der kalten Gewaltigkeit des reißenden Baches schwimmend mitnehmen ließ, weiß um die asiatische Weisheit, daß „Weich Hart besiegt" ...
Ich habe an vielen Wassern gesessen und habe immer wieder Mensch und Wasser zueinander in Verbindung gebracht: An den klaren Gletscherseen der Sierra Nevada glaubt man, Indianerlager zu ahnen; die Trockenbetten der periodisch anschwellenden Bäche im Mittelmeerraum sind gesäumt von fruchtbaren Hainen, dort, wo es gelingt, Wasser zu halten ... Wasserlöcher in Wüsten waren Lebensversicherungen; das Meer wird, wie der kleinste Hafen verdeutlicht, zur Quelle des Lebens und zum ‚freundlichen Feind' zugleich. Immer hat der Mensch gegen den ‚blanken Hans' gekämpft, hat Meter für Meter Land gewinnen und schützen müssen. Ich erlebte, wie starke Lachse zum Laichen in klaren schottischen Wasser unglaublich kraftvoll gegen die Strömung ansprangen. Die Weite der Meere wird an der Grenze zum Festland deutlich; die sinkende Sonne übt eine Faszination ohnegleichen aus. Wer je die Wucht gewaltiger Brandungswellen erlebte, wer in Fels geschnittene Tobel und Cañons gesehen hat, aber auch wer Hochwasser erfuhr, weiß um die Macht des sich bewegenden Wassers! Bei aller Huldigung bleibt aber immer auch der bedrohliche Aspekt: Wassermassen sind gewalttätig, wenn man gegen ihre Prinzipien verstößt. Und im Abtöten oder Vergiften des Wassers rächt sich die

egoistische Dummheit der Menschen: Mit zerstörtem Wasser wird das Leben zerstört. Gesundes Wasser ist gesundes Leben.
Oben im Gebirgswald, nah den Quellen, gerade unterhalb der Baumgrenze, im Halbschatten, ‚murmelt' ein Bach talwärts. In kleinen Kolken sammelt sich das Wasser von klarer Reinheit. Am Grunde sehe ich Strömungsspuren von Wirbeln, im Zwischenlicht glänzende, teils bemooste Steine. Ich greife einen, hebe ihn hoch – und habe die Idylle zerstört. Kleinlebewesen an der Unterseite der Steine signalisieren die Güte dieses Waldwassers. Kurzfristig scheint das Wasser seimig zu sein – aber die Sinkstoffe lagern sich rasch wieder ab, und alles wird wieder klar.
Der Bach, ich folge ihm talwärts, blitzt im Licht- und Schattenspiel des Blätterdaches. Er sucht sich seinen Weg nach mir unerkennbaren Gesetzen, vereint sich mit anderen kleinen Quellwässern, sprudelt und springt, Sauerstoff aufnehmend, lebendig über Felsen und herabgefallenes Geäst. Ist das nicht wie der Beginn auch eines menschlichen Lebenslaufes? Schmal, noch ungelenkt, trotzdem behütet und rein? Immer mehr Erfahrungen kommen hinzu; das Gefälle ist weniger aufregend, die Breite des Baches in der Almwiese hat etwas Jugendliches, das Kindliche liegt schon zurück. Aus dem Bach wird ein Fluß, manchmal ein Strom, der sich ins Meer verliert. Ströme sind wie Persönlichkeiten – gar vieles müssen sie (er)tragen und aushalten. Aber sie werden auch besungen, sind in ihrer Stabilität zuverlässige Werte geworden. Aber der Strom hat kaum noch jene Chance des Waldbaches, seine Struktur, seinen Lauf zu verändern – er wird längst vom Menschen in festgefügten Bahnen gelenkt.
Bei aller ‚Größe' des Wassers ist doch auch nie das Detail zu vergessen: die salzige Kummerträne des Kindes, der Tautropfen vor Sonnenaufgang am Grashalm, der sonnengetroffene Regenbogenregentropfen ... in ihnen ist die Welt, ist das, was wir erleben können: farbige Lebendigkeit.
Noch ein letzter Gedanke: Wir können Wasser nicht mit unseren Händen greifen. Es zerrinnt. Wir können Regen nicht erzeugen oder verhindern, können dem Schneetreiben nicht Einhalt gebieten, können Wasser kaum bergauffließen lassen. Wir können aber auch nicht unseren Umweltmüll irgendwo hintun, ohne unser Lebenswasser zu zerstören. Und was an Sünden ‚an der Luft' geschieht, rächt sich nicht nur am Autolack, sondern auch am Wald, an unserer Haut, an unseren Tieren ... Der Kreislauf des Wassers ist im Gemüse und Obst, in unserer Atmung und im Stoffwechsel, ist in den tierischen Lebensmitteln und im Holz der Bäume. Wo immer wir die Homöostase stören, stören wir alles und uns selber!
Für die Indianer waren Flüsse und Seen Brüder und Schwestern oder das Blut der Vorfahren – hoffen wir, daß auch wir dies wieder so sehen. Wir müssen klares Wasser erhalten, wenn wir Leben erhalten wollen.

Es bereitet stilles Vergnügen, Menschen zuzuschauen. Dort, wo die Menschen dicht vorbeikommen, kann man ihren Duft wahrnehmen, ihre Sprechweise erleben, ihr Mienenspiel beobachten... auch die kleinen Dinge ihrer Kleidung, ihres Schmucks sehen.

Ich stehe auf der Bahnhofstraße in Zürich. Da es schon etwas kühler ist, fallen ‚Pelz-Damen' besonders auf. Mit gespielter Gelassenheit beobachten sie wohl permanent ihre Wirkung auf andere, zeigen ihrer dekorativen Begleitung mit schweren Ringfingern die außergewöhnlichen Verführlichkeiten in den Auslagen. Sie tragen Schuhe der Weltmarke von nebenan. Sie sind ‚behängt', und sie hängen wohl daran.

Nur einige Ecken weiter sieht's ganz anders aus: Edeljeans, Pullover, T-Shirts der teureren Art wirken wie zufällig salopp. Es sind die neuen sozialen Rangabzeichen, die die scheinbare Stellung in dieser Gesellschaft signalisieren sollen: Welche Accessoires, welche kleinen, wohl nur Insidern vertrauten Erkennungssignale trägt man am Gürtel, am Schuh, am Handgelenk oder auf der linken Brustseite? Der Pullover aus dem Exquisitgeschäft hängt lässig über den Schultern, am Hals wird das Männlichkeitssymbol, eine phallusartige, in Gold gefaßte Tigerkralle aus Elfenbein, sichtbar ...

Zur Mittagszeit stehe ich vor einem Gymnasium einer deutschen Kleinstadt. Auch hier alle Zeichen des Konsumfetischismus: Turnschuhe der teuren Edelmarken, Sweat-Shirts in Modefarben, Taschen, wie man sie halt heute so hat: unpraktisch, dafür aber teuer. Man erlebt sich als Zuschauer, dem die Schauspieler von der Bühne entgegenlaufen.

Und wie hält's der Beobachter? Sind wir frei? Ist es ‚in', genau diese Produkte zu meiden, selbst wenn sie praktisch und preiswert wären? Gehen wir konträr zu Moderichtungen? Ist das nicht auch ‚Mode'?

Nein, wir sind nicht frei von solchen Merkmalen des Revierabgrenzens. Haben wir vielleicht zufällig einen Sylt-Aufkleber am Kofferdeckel? Möglicherweise rauchen wir nicht die Zigarettenmarke, die Freiheit und Abenteuer verspricht – trinken wir dafür aber nicht vielleicht den Cognac der gehobenen Klasse?

In allem, was wir tun, sind oder was wir darstellen, wollen wir unsere Individualität ausdrücken. Geschickt hilft die Werbung, uns von einer Massenkonsum-Welt abzuheben: Man könnte wirklich den Eindruck gewinnen, ‚einzig' zu sein. Durchschaut man aber die große Manipulation, wächst die Enttäuschung – und man ist möglicherweise für kurze Zeit geheilt, um dann aber doch wieder im sozialen Vergleich mit ‚wichtigen' Menschen neue, andere Bedürfnisse wachsen zu spüren... Die Sportartikel-Branche stellt geradezu ein Paradebeispiel dar. Aber auch Urlaub, Restaurants oder gesellschaftliche Ereignisse stellen Bereiche dar, wo man sehr deutlich spürt, ob man dazugehört, dazugehören möchte oder nicht.

Wenn ich Menschen betrachte und die äußeren Wichtigkeiten, die sie mit sich herumtragen, so verdeutlicht mir das, in welch anstrengendem Prozeß ich mich diesen kollektiven Verführungen ständig stellen muß, um unabhängig von ihnen zu werden. *Ich* muß meine wirklichen Wichtigkeiten erkennen, nicht erkennen lassen!

SALE

BAUM

Ob es eine gewaltige Baumgestalt oder nur der junge Busch ist, sie beeindrucken in ihrer Wehrlosigkeit. Sie sind ausgeliefert: dem Boden, in den der Zufall den Samen verweht hat; der Sonne, dem Regen ... Die Launen des Wetters in ihrer Vielfalt entscheiden über ihr Gedeihen oder Verderben ... Dem Sturm, der Dürre können sie nicht ausweichen. Und nicht zuletzt dem Menschen ist der Baum wehrlos ausgeliefert.
Die Unbeweglichkeit der mächtigsten Eiche ist Ohnmacht gegenüber dem kleinsten Vogel, der in ihrem Zweigwerk nistet und lebt. Und doch ... Der Baum ist angewiesen auf den begrenzten Bereich jener Erde, der von seinen Wurzeln durchdrungen wird.
Wir wissen, welch gewaltige Menge von Sonnenenergie die Blätter im Astwerk umwandeln ... In den Himmel ragen die Zweige, um Kraft zu finden.
Mir drängt sich beim Anblick eines Baumriesen die Ähnlichkeit zu einer Menschenpersönlichkeit auf. Auch sie gründet tief mit ihren Wurzeln in ihrem Gewordensein, in ihren Überzeugungen. Die in ihren Wertvorstellungen ja auch berechenbare, somit feste Persönlichkeit ist in ihrem Verhalten, in ihren Einstellungen baumähnlich verwurzelt!
Manch einem Menschen begegnen wir in seinem Gebeugtsein – aber gebrochen ist er nicht. Er trägt sein Schicksal in Würde. Immer wieder werden wir den unterschiedlichsten Verführungen gegenüber schwankend – aber wir bleiben unserem Standpunkt treu, widerstehen den Versuchungen. Wir mögen leiden, aber wir geben nicht auf ...
In der stillen Zwiesprache mit dem uralten Baum, der schon Jahrhunderte überblickt hat, werde ich vor der gelassenen Kraft bescheiden. Gerade die Unbeweglichkeit der Giganten mag sie so gewaltig und überlebensgroß in ihrer Ohnmacht gemacht haben: Ein Baum übt keine Gewalt aus; er sucht sich seinen Lebensraum zu erhalten. Schlimmstenfalls läßt er anderen Pflanzen wenig Licht. Zugleich spendet er Schatten, bietet Schutz für viele Tiere und ist seit alters her fast allen Völkern Symbol des Lebens.
Sind nicht die großen Philosophen wie alte Bäume? Sind sie nicht mächtig in ihrer Machtlosigkeit? Bieten sie nicht Heimat und geistig-seelische Sicherheit? Lassen wir uns nicht in ihrem Schatten und Schutz nieder, um – von der Hektik ausruhend – das Wichtige zu finden oder zur Be-Sinnung zu kommen?
Der Laubbaum in seinem jahreszeitlich wechselnden Aussehen ist Sinnbild geworden für den Wandel, ja, für Tod und Wiedergeburt. Wie der Stamm Ringe ansetzt, reift der Mensch sich wandelnd und wachsend von Ereignis zu Ereignis. Als zeitgewordene Gestalt, als Inbegriff der Geduld weist uns der Baum die Weisheit seiner Natur.
Hätten wir ein Stück der Klugheit des Baumes, würden wir wohl mit unseren Bäumen und Wäldern besser umgehen. Der Glaube an die Vernunft will uns weismachen, daß wir forstwirtschaftlich Holz ‚machen' können – aber unser Gefühl spürt mehr im Baum als nur ein Nutzobjekt. Was wäre unsere Welt ohne Wälder?
Die Begegnung mit dem Baum ist wie das Überdenken unseres Lebens, das im Jetzt und Hier gestaltet wird und das zugleich die Quelle des Oben und Unten, des Geistes und der substantiellen Materie benötigt, um zu gelingen. Ich las von einem 93jährigen Mann, der sich täglich aus dem Stamm eines uralten Baumes Kraft herausstreichelte ...
Baum, großer Freund und Bruder, lehre mich immer wieder die Kunst unseres Lebens!

EIN SCHMETTERLING

JEDER LEBT SEIN LEBEN – und nur zu selten schauen wir in andere Leben, empfinden wir ein anderes Wesen ...
Ein Schmetterling taumelt vorbei wie ein sonniger Gedanke mitten hinein ins Sorgendenken ... Richtig: Der Sommervogel fliegt nur bei gutem Wetter – aber was tut er eigentlich bei Regen? Wie wird dieses kleine, bunte Wesen mit den Launen der Lüfte, dessen Geschöpf es ist, fertig ...?
Mir fällt spontan der Gestaltwandel dieses Windwesens ein: Aus dem Ei schlüpft ein Räupchen, das sich zum Verspinnen sattfrißt. Im kunstvollen Kokon wandelt sich das kriechende zum flatternd-schwirrenden Insekt, das sich am Ende dieser Metamorphose verjüngt aus der alten, zu eng gewordenen Hülle herausarbeitet: eine neue Geburt. Mit den filigranen Tausend-Schüppchen-Flügeln erobert sich das so veränderte Tier tanzend nie gekannte Leichtigkeit und Weite.
Er fliegt vorbei. Meine Augen folgen lächelnd – und etwas Neid schwingt schon mit ... Er setzt sich, fein in der Farbe abgestimmt, aufs Gelb der Löwenzahnsonne, der Butterblume. ‚Butterfly' nennen die Angelsachsen diesen Tagesgaukler – und wenn man nachliest, entdeckt man Sonderliches: Der frühe Volksglaube meinte, verzauberte Hexen flögen in lieblicher Schmetterlingsgestalt, um Rahm und Milch zu saugen und zu stehlen. Daher der Name Buttervogel, anderswo auch Molkendieb gerufen. Das Erstaunliche, Wunderbare, das Unerklärliche wurde immer einer Er-Klärung zugeführt; konnte man sich das Kommen und Verschwinden dieses Lufttänzers nicht erklären, mußte eben die Magie herhalten ...
Aus der Nähe sehen wir seine unendliche Zartheit. Unglaublich, wie diese Schuppenflügel koordiniert den zugriffsicheren Flatterflug bewirken! ...Kaum ein Vogel vermag dem Flügelschwinger auf seinem Weg zu folgen.
Ich ahne, daß das Leben dieses Sonnengastes nur kurz sein kann – und bei aller Sympathie hoffe ich, daß sein kurzes Sein in dieser Gestalt wenigstens glücklich sein möge.
Das Zarte, Feine, Kleine ... gehen wir auch gedanklich ganz anders an, verbinden in unserer Schützerrolle wohl viel mehr Wohlwollen mit dem scheinbar Schwachen. Ich höre des Falters Flügelschlag nicht, spüre keinen Hauch – sehe ihn nur nektarschwer zur nächsten Blüte taumeln. Der Rollrüssel reicht tief in die Quelle seiner Lust und Nahrung. Ein Augenblick, ein Flügelschlag nur – schon ist der die ‚ewige Jugend spendende Göttertrank' über den Saugkanal aufgenommen und fort ist der eifrige Nektarsammler. Ich kenne keine „alten" Schmetterlinge ...!
Wir sehen ihnen nach, verfolgen mit den Augen ihr Liebesspiel jenseits aller Schwere. Diese Sonnengaukler sind Gestalt gewordene Wärme. Aber sie werden auch zu sensiblen Indikatioren für gute Luft – so sind sie uns, ehedem die ‚Diebe der Butter', Signale unseres Wohlseins geworden. Sie bleiben die Sonnentupfer im Grau von Gedanken und Asphalt – erinnern uns daran, daß die Wege des Lebens nie nur gerade verlaufen ...
Der Schmetterling ist wie ein guter Gedanke, wie das spontan Schöne: Er muß heranschweben, verweilt nur kurz, fliegt weiter, um in immer neuer Form wiederzukommen ... Festhalten darf man ihn nicht, er würde verkümmern oder zerbrechen ...

DAS BETT

IRGENDWANN KOMMT MIR DER GEDANKE: Wer hat wohl vor mir warum in diesem Bett auf Zimmer 228 gelegen? Wurde er/sie gesund entlassen? Menschen schauen herein, um Besorgnis, Fürsorge oder Freundschaft zu signalisieren ... Das Bett bleibt meine Welt ...

Das Bett ist der Ort größter Lust und tiefsten Leids. Alltäglich bringen wir Stunden auf dieser bequemen Lagerstatt zu, ohne uns voll bewußt zu sein, welche Bedeutung sie für uns hat. In unzähligen Wortverbindungen, in vielen Sachverhalten rückt das Bett unaufdringlich in unser Bewußtsein. Wie man sich bettet, so liegt man ... das Bett hüten müssen; mit jemandem ins Bett gehen; sich ins gemachte Nest legen; mit den Hühnern zu Bett gehen ...

Viele Bezeichnungen umschreiben die ursprünglich einfache Erdmulde unserer Vorfahren, in die sie sich zum Ruhen legten: von der einfachen Pritsche oder dem Feldbett, über das Klapp- oder Schrankbett, das Etagenbett geht es zum Prunkbett. Im Ehe- oder Doppelbett finden wohl die häufigsten Kriegserklärungen und Friedensfeiern statt, und der Alkoven klingt nach Heimeligkeit.

Stehen wir nicht kopfschüttelnd vor den Kreationen der Vergangenheit: dem Baldachinbett von Fürsten oder ihren Gespielinnen einerseits und dem Wohn-, Schlaf- oder Aufenthaltsstudio mit Radio, TV und Bar ... des modernen Menschen andererseits?

Im Bett wird gezeugt, geboren und gestorben. Das Bett ist die Stätte der Regeneration, der Träume und der Gesundung. Die Summe aller Bettgedanken und -hoffnungen bzw. -befürchtungen füllen die Bibliotheken, dürften oft Grundlage der Psychiatrie und das Fundament vieler philosophischer Theorien ausmachen.

Ist nicht die geistige Produktivität gerade im Bett deswegen besonders groß, weil uns in der Phase des Noch-nicht-Schlafens und des Nicht-mehr-denken-Müssens oft die besten Ideen kommen? Und ärgern sich nicht häufig Menschen, wenn sie sich morgens nicht mehr an die geträumten Nachtereignisse erinnern können? Würde unsere Phantasie des Unbewußten jedem einen Griffel in die Hand zwingen, wären wir alle Schreiber ...

Ja, wer hat vor mir in diesem Krankenhausbett gelegen? Wer wird nach mir darinliegen? Ich liege in einem ‚öffentlichen Bett' – es gehört mir nicht. Wir sind zu Gast in vielen Betten. Und wissen wir nicht aus Erfahrung, daß nicht die Art des Bettzeugs, die Beschaffenheit unseres Schlafgewandes oder die wünschenswert ruhige Umgebung das ‚gute Bett' ausmachen, sondern in erster Linie unsere geistig-seelische Verfassung? Unsere Einstellung zu unserer Lagerstatt ändert sich – und im allgemeinen verwöhnen wir uns nur zu gern mit zunehmendem Alter. In einem fremden Bett zu schlafen, fällt uns oft zunehmend schwerer und macht uns zugleich psychosklerotischer.

Das Kranken- oder Sterbelager kann zur Stätte der Besinnung werden; hier sind wir in der Ruhe mit allem konfrontiert, was uns beschäftigt oder beschäftigte. Und da mögen wir auch unserem Bett gegenüber Dankbarkeit empfinden. Diesem Bett und allen anderen Betten ...

Ich komme überraschend zu Besuch – und mein Freund überrascht mich seinerseits mit einem Geschenk, das ich als solches erst viel später erkenne: Er läßt mich warten. „Hier hast Du einen guten Rotwein ..., ich muß noch 'ne gute halbe Stunde an einem Projekt arbeiten ... Setz Dich doch vor den Kamin, wenn Du magst ...“

Man muß wohl immer den angemessenen Abstand zum Feuer finden, um sich wohlzufühlen! Der Blick aufs Feuer. Fast magisch zieht das knisternde Verbrennen die Aufmerksamkeit auf sich. Die weißgraue, gebrochene Glut fällt vom Holzstück, hellrot züngeln kleine Flammen über das Buchenholz ... Ich halte jetzt ein frisches Scheit in der Hand; zu gern würde ich wohl auch das Feuer ‚be-greifen‘.

War das nicht gerade eine wesentliche Erfindung des Urmenschen: das Feuer zu beherrschen? Jener, der das Feuer hütete, hatte sicherlich eine bedeutsame Position in seiner Horde oder Sippe. Der Hausherr bietet dem Gast sein Feuer an. Feuer ist Wärme. Wärme kann man schenken. Aber man muß wohl ein Gespür dafür haben. Wärme macht weit, Wärme öffnet.

Gerade nach dem Hereinkommen aus der Kälte entspannt die Wärme des Feuers. War eben noch die Körperhaltung angespannt, waren die Gesichtszüge verspannt, so löst sich nun die Verkniffenheit um die Augen, die Verbissenheit um die Kiefer herum. Selbst das Hochziehen der Nase hört auf: nichts Hochnäsiges mehr ... Ich bin aus der Enge der Kälte in die Weite der Wärme gekommen. Auch die Gedanken gehen in die Ferne ... Vom eingesperrt-domestizierten Wärme-Feuer, des Menschen Freund, denke ich an Feuersbrünste: eine mittelalterliche Stadt, ein Kaufhaus brennen ... Waldbrand. Brandstiftung, Napalmbomben aus Flugzeugen zivilisierter Staaten ... Vernichtung. Feuer war immer auch ein entschiedener Feind menschlichen Schaffens. Wir modernen Menschen sorgen auf vielfache Weise dafür, daß nicht leichtfertig ein Brand ausbricht! So, wie wir das wilde Tier eingesperrt haben, haben wir das Feuer gebändigt. Wir können es mit Hilfe von Streichhölzern oder Feuerzeugen, es mit Hilfe des Brennglases aus der Energie der Sonne entfachen ...

Wie aber früher die Menschen ihre Last mit der Beherrschung des Feuers hatten, so haben wir heute unser neues ‚Feuer‘: die Kernenergie. Das ihr innewohnende Positive ist zugleich auch das Negative. Beherrschen wir die irgendwo, irgendwie lagernden Kräfte der Zerstörung? Können wir Vertrauen haben zu den neuen Hütern dieser Macht? Wohin sollen wir laufen bei einer höllischen Welt-Feuersbrunst? Mir wird da die Verwandtschaft zu unseren Vorfahren sehr bewußt.

Feuer war und ist voller Symbolik: Es ist reinigend und bestrafend; es ist die irdische Stellvertretung der himmlischen Sonne. Es wird umstanden, zieht Neugierige an, man umtanzt es, nährt es zugleich mit Müllresten wie mit edelsten Hölzern und Kräutern ... Immer ist das Feuer und sein Rauch ein Signal für uns Menschen. Solange der Rauch aus dem Schornstein steigt, lebt der Mensch ... Aber zuviel Rauch beeinflußt heute unser Klima.

Ist das Feuer nicht, wie wir Menschen sind? Anfangs klein-schwächlich und zum Schluß wieder in sich zusammenfallend, absterbend, dazwischen zu allem fähig? Die Gewalt

AM KAMIN

eines vernichtenden Feuers gleicht einer alles niederreißenden Herde, die im Paniksturm das Weite sucht! Sie hinterläßt die Spur der Verwüstung.
Das Feuer ist nur zu zügeln, indem kontrolliert Nahrung zugeführt wird; der Mensch hingegen muß sich selber disziplinieren, muß sich auswählend beschränken – und wovon lebt er eigentlich, was nährt seine Kraft?
Ich genieße diese offene Wärme, lege das Scheit ins Feuer – und warte auf das verzehrende Knacken des Holzes in der hellen Flamme. Ich muß ein Stück zurückweichen ... Zuviel Wärme ist belastend. Ja, das rechte Maß! Unglaublich, wie es dem Körper, unter welch extremen Außenbedingungen auch immer, stets gelingt, die Temperatur des Blutes konstant zu halten ... Dieser homöostatische Prozeß, der unter der Schwelle unseres Bewußtseins abläuft, ist auch außen im Umgang mit allen Phänomenen unseres Lebens zu leisten. Das rechte Maß hat etwas mit Balance zu tun: ein ewig labil-empfindlicher Ablauf, um vorübergehende Stabilität zu erzielen ...
Der Abstand zu anderen Menschen darf nicht zu groß werden; aber die enge, ständige Nähe wirkt, fast wie eine Dauerumarmung, lästig. Ich rücke wieder näher ans Feuer; so, wie ich gern verreise, aber eben um so lieber heimkomme ... Wir Menschen sind wie Feuer: sowohl als auch ...
„Du hast Dir ja noch gar nicht eingeschenkt ...“, höre ich ihn ... Ach ja ... Feuergedanken.

GRENZEN

An einem Zaun steht ein Mensch und blickt uns ängstlich an. Er ist behindert. Wir haben diesen Zaun erstellt.

Durch Deutschland zieht sich ein Grenzstreifen mit allen Zeichen der Liebesunfähigkeit: Stacheldraht, gerodete Erde, Beton, Waffen ... Systeme schotten sich gegeneinander ab. Angst verhindert Verständigung ...

Das Grundstück zum Nachbarhaus ist selbst gegen die unerwünschten Katzen gesichert: Neben den Sichtschutzwänden schützen Stachelbüsche vor mißliebigen Gästen. Vielleicht ist man sogar stolz auf die gemeinsam gepflegte Grenze aus schnellwachsenden Hölzern.

Es gibt Stadtteile, ‚da wohnt man nicht'! Mögen der Fluß oder die Bahnlinie eine Grenzbedeutung haben, schwerwiegender sind die gefühlsmäßigen Vorurteile, die ein uneinnehmbares Bollwerk zu sein scheinen.

Wir kennen Sprachgrenzen, Vegetationsgrenzen, Landesgrenzen, aber auch ‚eiserne Vorhänge'. Es gab die chinesische Mauer und den Limes der Römer. Und es gibt überall die ‚Grenze des Erlaubten', die wir nicht ohne Strafe überschreiten dürfen.

Sicherlich hat sich der frühe Mensch gegen die wilden Tiere abgegrenzt; nach der Seßhaftwerdung mußte er sein Feld und das Vieh schützen. Die Sippe, der Stamm, das Volk ... schuf sich ein Territorium, das mit allen zur Verfügung stehenden Kräften verteidigt werden mußte. Grenzmißachtungen waren gleichbedeutend mit Krieg. Ungeheuer gefühlsbetont und damit oft ausgesprochen unvernünftig werden Grenz-Probleme – und damit Besitzprobleme – von Generation zu Generation weitergegeben.

Wo erleben wir im täglichen Leben Grenzen? Wohl vor allem dort, wo etwas in einem nur begrenzten Umfang zur Verfügung steht: Land, Wasser, Geld, Bodenschätze, Luxusgüter, Gesundheit ... Für viele Menschen ist Zeit knapp. Bei einem Unglücksfall sind Rettungsmöglichkeiten knapp. Vielleicht erlebt jemand eingeschränkte Beweglichkeit als Begrenzung.

Es mag Menschen geben, die an die Grenzen der Konventionen, der Gesetze, des Erlaubten stoßen bzw. sie bewußt überschreiten. Wir sperren sie ein, schließen sie aus oder feiern sie als Neuerer: in der Kunst oder Wissenschaft werden sie zu Wegbereitern. Was wären wir ohne die Entdecker der Frühzeit? Vielleicht begrenzt?

Jede Grenze hat zwei Seiten! Im Vorurteil unserer Begrenztheit halten wir ‚die andere Seite' für aggressiv, abnorm oder verrückt, anmaßend, unreif ... Jedenfalls meinen wir, die Besseren, die Wissenden zu sein ... Hier werden Grenzziehungen zu Anmaßungen! Sie stellen Wunden der humanitären Kompetenz dar, sie zerstören das ozeanische Gefühl der Menschheits-Verbundenheit, sie stellen zur Realität werdende Zeugen gegen die Gleichheit der Menschen dar!

Der ängstliche Behinderte auf der anderen Seite des Zaunes – ob er nur Angst hat, daß ich zu ihm hinüberkommen könnte? Oder bin in Wirklichkeit nur ich ängstlich?

Grenzen machen Angst!

Brunnen haben etwas Faszinierendes. Sie verbinden vieles. Sie bilden Mittelpunkte, versammeln Menschen. Aus Brunnen sprudelt Wasser – Wasser ist das Symbol der Reinheit, Wasser ist Leben.
Brunnen sind Technik und Kunst; sie stellen Kraftquellen dar, sind als Jungbrunnen Hüter des ewig Neuen.
Wenn ich, etwas abseits sitzend, den Brunnen in seinen vielen Funktionen betrachte, sehe ich vor allem Menschen, die scheinbar zufällig diesen Born zum Treffpunkt oder zur Stätte ihres Verweilens machen. Sie ruhen am Rand des ewig Ruhelosen.
Der in Form gefaßte Quell allen Lebens ist in der Dichtung immer wieder als zeitlos strömend und sich selbst erneuernd dargestellt worden. Als jugendlicher Idealist hatte ich jahrelang einen schlichten Holzschnitt an der Wand hängen: irgendein Holzbrunnen mit der Unterschrift: „Wie einfach ist mein Leben, geben, immer nur geben, geben, immer nur geben, geben, geben."
Ich habe später als Psychotherapeut oft Opfer dieser zur Selbstlosigkeit erziehenden Ideologie behandeln müssen: ausgebrannte Idealisten, deren Gesamt-Leistungseffizienz stark nachgelassen hatte. „Der Brunnen ist versiegt", sagte mir eine ältere Krankenschwester. Sie, wie viele andere, klagte über sehr belastende, schmerzliche, ja, quälende Erlebnisse des Nicht-mehr-Könnens. Neben einer körperlichen und geistigen Erschöpfung wurde vor allem eine emotionale Ohnmacht beschrieben, förmlich eine Erosion der Lebenskräfte.
Oft muß ich an solche Menschen denken, wenn ich an einem Brunnen sitze.
Woher kommt das Wasser?
Oben im Gebirge sehe ich Tröge, die von einem Rinnsal gespeist werden: Quellen oder Gletscherwasser nähren sie. Hier unten in der Stadt ahne ich das ausgeklügelte System des Wassertransports – wage ich nicht an die Kosten für diesen öffentlichen ‚Luxus' zu denken ...
In unserer Zeit allgemeiner Zerstreuung spielt der Brunnen im Vergleich zu früher sicherlich nur noch eine untergeordnete Rolle. Man traf sich zum Waschen, zum Nachrichtenaustausch; Kinder spielten in Sichtweite der Mütter – wenn eines in den Brunnen gefallen war, war es zu spät ... Der Brunnen ist bei anderen Völkern, bei vielen Stämmen noch heute Mittelpunkt des Geschehens. Je größer seine Bedeutung als Wasserspender war oder ist, um so weniger kunstfertig sind seine äußeren Erscheinungsformen. Der Wohlstand zaubert kulturträchtige Brunnenfiguren, herrliche Fassungen bis hin zu ‚zweck'-losen Wasserspielkunstwerken.
Das fließende Wasser ist die Energie – aber dieses Wasser fließt eben nicht in Art eines Perpetuum mobile zurück: Man muß den Brunnen speisen. Und so ist es doch wohl auch immer mit den Menschen: Wenn sie geben, ‚immer nur *geben, geben ...*' sollen, müssen sie auch vorher empfangen, um geben zu können. In christlicher Selbstbescheidung wird das Nehmen oft verpönt ... Aus psychohygienischer Sicht ist das fein aufeinander abgestimmte Wechselspiel zwischen Nehmen und Geben aber wesentlicher Bestandteil des glückhaften Lebensprozesses. Wenn das, was ich tue, sich selbst motiviert, wenn also

BRUNNEN

auch Pflicht und Neigung ineinandergehen, erlebe ich besonders dann Freude, wenn ich damit anderen mir wichtigen Menschen Freude machen kann. Wo ich keinen inneren Sinn in meinem Tun begreife, wird die Quelle des frohen Schaffens sehr rasch trübe und versiegt. Nur wenn ich bereit bin, etwas Gutes für mich zu tun, kann ich anderen Gutes tun!

Bei Brunnen wird so an der Stelle des Wasseraustritts deutlich, wie von irgendwoher tief innen Gespeistes nach außen quillt, sich ‚mit-teilen' will und verströmt.

Wir Menschen sind brunnengleich dort, wo wir in unserem Sein und Tun gefühlsmäßig nicht mehr unterscheiden zwischen Selbst und Umwelt, zwischen Vergangenheit, Gegenwart und Zukunft. Dort sind wir hier. Dann sind wir im Jetzt. Handlung und Bewußtsein ist ineinander verwoben. Was schert uns dann unsere Kraftquelle, wenn wir aus dem vollen schöpfen? – Aber gerade aus dieser letztlich sehr optimistisch-jugendlichen Haltung heraus vergessen wir, wie gut wir uns für Dürre- und Notzeiten vorbereiten müssen.

Wenn Bergbauern oder Nomaden in der Wüste ihr Bewässerungssystem vernachlässigen, ist in Kürze ihre Existenz gefährdet. Und wer Brunnen vergiftet, wird schwer bestraft. Die ‚politischen Brunnenvergifter' (Bismarck) sind Zerstörer des nötigen Friedens, Verletzer der alles verbindenden Regeln …

Der Brunnen wird zum Symbol für Kraft, Reinheit, Selbsterneuerung – aber er bedarf eben auch unserer besonderen Aufmerksamkeit und Achtung. Und geschieht das nicht auch, wenn wir uns ‚heute um 8.00 Uhr am Brunnen' verabreden, wenn wir an seinem Rand unsere kleine Verschnaufpause machen, wenn wir nach langer Wanderung die Stirn und die Arme in seinem Wasser kühlen …? Brunnen wird magische Wunscherfüllungskraft zugeschrieben, sie werden abends oft angestrahlt, sie werden oft geweiht und gewidmet … Brunnen symbolisieren Lebenskraft. Pflegen wir sie.

Es gibt in unserem Land etwas sehr Flüchtiges, oft voller Nachlässigkeit nur so dahingetan: dem anderen die Hand zum Gruße zu reichen und zu drücken.
Kennen wir nicht jenen schlaffen Händedruck schlaffer Menschen? Machen sie uns nicht irgendwie schauern durch die Art des Händegebens? Aber kennen wir nicht auch die Freude des herzhaften Zufassens? Dort sind vielleicht alle vier Hände beteiligt. Und kennen wir nicht Verlegenheitsgesten, bei denen man nicht weiß, ob sie zum Gruß jetzt, so oder überhaupt geeignet sind?
Mit der Hand leisten wir den Schwur; mit dem Handschlag besiegeln wir Wichtiges; der Händedruck ist Zeichen des Verbundenseins. Die Zeichen der Hände sind Verständigungen – auch und besonders im Ausland, in der Fremde, wo man unsere gesprochene Sprache nicht versteht. Hände sind nie sprachlos. Wir halten uns aus Liebe an und in den Händen und Armen; wir führen den schwachen, den blinden Menschen, gehen ihm zur Hand. Die Hand weist Wege. Wir streicheln Wogen der Erregung, des Ärgers, der Trauer ... glatt. Die Hand schöpft Wasser, sie trägt, hält, bewegt, gestaltet, liebkost – aber sie zerstört auch im Schlagen und Zerbrechen ... Sie greift zu und ist zugleich Symbol tiefster Innigkeit.
Wenn wir uns nicht nur unbedacht Hände reichen, sondern auch über dieses uralte Ritual nachdenken, be-greifen wir, daß nur eine waffenfreie Hand Frieden geben oder bringen kann. Wer mir seine Hände zeigt, gar reicht, kann Freund sein. Über die Hände kommen wir einander näher. Wir signalisieren Wärme, locken die Lust über den Körper in die Seele, vermitteln Absichten und heilen Verkrampfungen. Gibt es größeres Vergnügen als mit den nackten, warmen Körpern aneinanderzusein? Die Hände sind ‚nur' die sensiblen Ausläufer unserer Körperfreude; Ergriffenheit ist genauso unser seelischer Wunsch, wie etwas zu begreifen, unser intellektuelles Bedürfnis ist ...
Warum erleben wir die Hand erst so deutlich, wenn wir frierende Finger, steife Gelenke, fehlende Fingerglieder, Verletzungen etc. ertragen müssen? Da reicht ein Amputierter seine linke Hand; ein Kind beachtet noch nicht die Regel des Daumenabspreizens, legt die Patschhand ohne Einsicht ins Tun in die große Flächigkeit der Erwachsenenhand. Die kalten, zu harten Hände des Masseurs wären verletzend, wie seine verstehenden, einschmeichelnden Hände wahre Wunder wirken können.
Wissen wir um die schenkende Hand des alten Menschen? Kennen wir die das Mahl bereitenden Hände der Mutter, der Ehefrau? Achten wir die Fingerfertigkeit des Handwerkers? Hände ermöglichen uns das Schwimmen; sie helfen und trösten. Hände werfen weg: Konfetti wie Speere, Bälle wie Luftküsse und Handgranaten ... Hände kratzen, nehmen weg, setzen zusammen, schlagen und töten, fassen zu und zerren, malen und töpfern, mahnen und zeigen Lösungen ... Wir nehmen etwas ‚in die Hand', wie wir auch eine Aufgabe in andere Hände legen können. Wir müssen uns meistens selber in der ‚Hand behalten', wie manch ein Verzweifelter ‚Hand an sich legen' möchte.
Wenn wir die Hand eines anderen Menschen ergreifen, halten wir ein Stück seiner Persönlichkeit in uns. Spüren wir in den anderen Menschen hinein, sehen wir vom Äußeren ins Innen: Die Art und Weise des Händedrucks sagt etwas über unsere Beziehung zuein-

HAND IN HAND …

ander. Ihm gesellt sich der Blick, vermählt sich das Lächeln hinzu. Der Sterbende erfährt über das Handhalten die letzten Botschaften seiner Lieben, das Neugeborene erspürt im Gehaltensein das Vertrauen zur Welt.

Die schöne Geste des Handgebens ist keine Allerweltsgeste. In angelsächsischen Ländern ist sie weniger üblich, bei uns scheint sie an Bedeutung zu verlieren. Bei aller Oberflächlichkeit des Rituals sollten wir aber die emotionale Bedeutsamkeit dieser zwischenmenschlichen Verhaltensweise nicht unterschätzen! Fassen wir einander – bei allem Respekt, bei aller Achtung voreinander – doch ruhig öfter bei den Händen; reichen wir sie uns auch über Grenzen hinweg. Hände können Begrenzungen überwinden. Lassen wir uns getrost ergreifen ...

DIE MORGENSONNE

SCHON SO LANGE WOLLTE ICH diesen Baum beim ersten Sonnenlicht besuchen – mich ganz dem geborgenen Bild hingeben. Ein altes Steinkreuz steht in der Nähe und kennzeichnet wohl die Stätte der Besinnung. Von hier geht der Blick über das Dorf gegen den Bergrücken, hinter dem gleich die Sonne erscheinen wird.

Die Lerchen steigen singend in den Himmel ihrer Freiheit. Sie sehen die Sonne schon, die ich nur ahne. Vögel feiern täglich neu voller Stimmeneifer das Ereignis. Rauch steigt senkrecht auf. Auf dem fernen Asphaltband rauschen Autos irgendwohin.

Ich stehe allein im Feld und warte. Was wird diese Tagessonne ans Licht bringen? War es nicht so bei unseren Vorfahren, daß sie nur zu Gericht unter einem Baum saßen, solange die Sonne schien? Denn die ‚Sonne bringt es an den Tag‘!, und mit dem Antlitz zur Sonne, der nichts verborgen werden konnte, mußte der Eid geleistet werden. Damit war dann alles ‚sonnenklar‘.

Jetzt brechen Nacht und Tag auseinander: Die Sonne erscheint mit rotem Licht und wächst langsam über den Wald. Das ist das majestätische: das unaufhaltsame Steigen, das Erhellen, das Erwärmen.

Alle Farben sind anders und verändern sich nun bei Tagesanbruch rasch. Die rote Scheibe löst sich vom Horizont und steigt gemächlich, scheinbar kleiner, wohl aber heller werdend, in den Tag. Durch das Geäst des Baumes gleißt das Licht auseinander – aber auch der Baum verliert im Gegenlicht seine klare Kontur, die er hatte. Baum, Sonne und der Betrachter verschmelzen zur Einheit dieser frühen Stunde.

Mit dem grüßenden Licht verbinden wir Wärme und Frohsein. So sollen zur Depression neigende Menschen das Morgenzimmer, in das die Sonne fällt, bewohnen. Kinder wie alte Menschen benötigen in einem besonderem Maße das Sonnenlicht. Und wie die Sonnenblume sollten auch wir uns immer wieder diesem täglichen Lichtgeschenk zuwenden.

Sonne wird nicht nur mit den Augen wahrgenommen: Wir können Sonne mit dem Bauch aufsaugen, können Wärmestrahlen mit dem gesamten Organismus aufnehmen. Welch Wunder wirkt Wärme, wenn wir nach langen, grau-kalten Tagen auf der Sonnenbank in Ruhe sind!

Wie kalt-geschäftig wirken jene Eiligen, die sich der Tagessonne nicht einen Moment hingeben können. In den mediterranen Ländern dämpft die Sonnenwärme wohltuend das Tempo, bestimmt die Sonne stärker als bei uns den Tagesrhythmus. Sonne macht zu mehr Gelassenheit und Weite, zur Toleranz bereit: Wärme dehnt Zeit und Raum.

Immer noch stehe ich im Feld, das Schauspiel des beginnenden Tages betrachtend. Gute Tage fangen früh an; sie beginnen mit dem Wahrnehmen des längst zur Selbstverständlichkeit Gewordenen: Ich kann aufstehen, meine Sinne benutzen, Empfindungen genießen... Die Vögel singen nun anders. Der Tag ist bereits hell. Die Farben werden klarer, der Himmel blauer. Bald wird sich der Huflattich am Ackerrand öffnen, bald werden die Knospen aufspringen und Wärme wird wieder alltäglich werden.

Und dem Sonnenaufgang folgt der Abend – doch dazwischen liegen lange Stunden.

DIE MORGENSONNE

SICH UMZUDREHEN, um die eigenen Spuren zu erkennen, kann stolz machen, kann Angst auslösen, kann befriedigen, kann süchtig werden lassen ...
Wir kennen viele Spuren: Spuren im Schnee sind wie unsere Abdrücke im Wüstensand kurze Zeit erkennbar. Diese Spuren, die vielleicht von Stolzem künden, verwehen – bleiben vielleicht nur auf Bildern und im Gedächtnis erhalten.
Kürzlich kehrte ich zu meiner ersten Schule zurück, in der ich als Knabe lernen mußte. Suchte ich Spuren in meiner Erinnerung? Dort stand ein Bunker, auf dem wir gesessen und in Kastanienpfeifen Laub geraucht haben ... Auf jenem Denkmal haben wir oben unsere Spuren eingegraben. Ob sie noch da sind? Zu gern würde ich nachsehen!
Eigene Spuren liegen hinter uns. Die Psychoanalyse verfolgt sie bei Neurotikern bis in den Urschleim, Rebirthing-Methoden gehen in ‚frühere Leben' zurück ... Die Geschichtsforschung klärt Vergangenheit, um das Heute zu verstehen. In Fotoalben speichern wir Erinnerungen – und je mehr wir ‚hinter uns' haben, um so weniger trauen wir uns zu, weitere, neue Spuren zu legen.
Unsere Werke, unsere Gedanken sind hinterlassene Spuren. Unsere Kinder sind Spuren. Verbrecher und Heilige hinterlassen Spuren. Erfinder und Entdecker graben sich tief in die Menschheitserinnerungen ein.
Es handelt sich um mehr oder weniger bedeutsame Zeichen, die Menschen hinterlassen; meistens tun sie es, weil sie selber diese Zeichen für bewahrenswert erachten.
Ich notiere Erinnerungen, schreibe Gedanken auf, sammle Bilder, denn Erinnerungen sind Korrekturen gegen die Verlassenheit des Alters oder gegen abgrundtiefe Resignation. Wir können geistige Eindrücke als Erinnerungsbilder in unserem Gedächtnis speichern – und wir benötigen solche Bilder für unsere Identität.
Wer als Flüchtling alles außer dem Leben verlor, erlebt sich mehr als ‚nackt': Er ist ein Niemand ohne Heimat. Seine Spuren sind verwischt. Agenten und verdeckte Ermittlungsbeamte müssen die Hinweise auf ihre wahre Person verwischen, müssen falsche Spuren legen ...
Die fast suchthaften Hinweise auf Verdienste, Ehrungen, Ämter, Werte ... älterer Menschen – meist durch diese selber – sind peinlich und verdeutlichen, daß die Vergangenheit die Gegenwart solcher Personen längst überholt hat. Grabreden! Wer auf seine ‚Spuren' hinweisen muß, um als bedeutsam zu erscheinen, hat an Bedeutung verloren.
Ich überlege mir vor zerstörten Telefonzellen oder in verwüsteten Fußballstadien, welche Bedeutung diese Spuren der Neu-Vandalen haben. Wenn Werke Spuren sind – sind das ihre Werke? Ist der Mord nicht die Spur des Verzweifelten, dessen andere Sprache nichts mehr galt? Affektkonzentrate sind deutliche Abdrücke oder Spuren unserer gestörten Einstellung zueinander: Die Kriminalität und ihre Urheber werden in Ghettos gedacht ... Signale sind Spuren und Spuren Signale. Wir müssen sie entziffern lernen.
Wie sehr bewundern wir die sozial erwünschten Ergebnisse anderer innerer Spannungen: Maler, Dichter, Komponisten, Bildhauer.. Auch sie sind Mit-teilende! Mit ihnen teilen wir gern. Manch einer Ver-Rücktheit rufen wir Hosianna zu – und lassen die anderen Realitäten draußen bei dem Bösen, dem Wilden ... eben dem Anderen.

ZÄUNE UND SCHRANKEN sind der Inbegriff von Doppelwertigkeit. Sie stören uns, wenn wir daran stoßen: Ein Zaun behindert unseren Weg. Eine Mauer zwingt uns zum Umkehren...

Wir haben uns möglicherweise so sehr an Zäune gewöhnt, daß wir sie gar nicht mehr als Eingrenzung erleben. Vielmehr empfinden wir sie als notwendig, um unser Eigentum zu schützen. Da sollen keine Hunde oder gar Kinder in meinen Vorgarten! Der Grenzschlagbaum soll die unkontrollierte Einreise in unser Land verhindern... Zäune sollen das Böse fernhalten... sie sollen uns vor Gefahren bewahren...

Jeder Zaun hat zwei Seiten. Am Zaun spaltet sich das Recht: Dort hast Du ein Recht, und diesseits beginnt mein Recht. Wollen wir Streit vom Zaun brechen?

Wer erlaubt, Zäune zu ziehen, Grenzen zu markieren? Der Staat? Willkür? Macht?

Geht nicht eine ungeheure Faszination von jenen weiten, zaunlosen Ebenen aus, durch die man reiten oder wandern kann? Das unbegrenzte Wandern in den kanadischen Wäldern oder das Überqueren der Alpen sind Beispiele für die Lust, Grenzen zu überwinden.

Fallen uns diese materiellen Grenzen dann auf, wenn wir auf sie achten, so fällt es uns schwer, unsere eher geistig-seelischen Begrenztheiten anzunehmen.

Sind wir nicht allzu leicht Opfer unserer gut gepflegten Ideologien und Vorurteile? Haben wir nicht zuweilen große Mühe, über unseren Zaun hinwegzusehen? Werden nicht weltanschauliche Zäune rasch zur intellektuellen Beschränktheit?

Vielleicht empfinden wir es schon als ganz normal, daß wir niemandem zu nahetreten? Wir respektieren den wechselseitig eingeräumten Abstand – und suchen doch nichts mehr als Nähe und Kontakt!

Gibt uns der ‚Zaun dazwischen' scheinbar ein Gefühl der Sicherheit, so bedingt er doch zugleich auch Unsicherheit für den Moment, in dem wir unseren Zaun von der anderen Seite sehen sollen.

Der Tod ist eine Grenze des Lebens. Und immer hat der Mensch versucht, seine Begrenzungen zu sprengen, im Glauben, in der Wissenschaft und Technik oder in seinen Träumen. Wir verlassen unsere Erde, dringen in andere Galaxien ein. Wissenschaft und Technik ersinnen und entwickeln ständig neue Verfahren, die gestern noch undenkbar erschienen ...

Immer wieder stoßen wir an unsere sehr persönlichen Grenzen. Wenn wir sie nicht zur Kenntnis nehmen und zugleich nicht auch gegen sie anleben, werden die gezogenen Zäune um uns herum immer enger. Der undurchlässigste Zaun ist die Mauer – und Verhärtung in unseren Menschenbeziehungen, Versteinerung in unseren Ansichten führen uns ins Gefängnis unserer ‚gesicherten Enge' ... Wenn wir ein- oder ausgeschlossen sind, stehen Wände, Zäune ... zwischen uns und dem Leben anderer.

Die Ambivalenz des Zaunes spiegelt unsere Neigung wider, sowohl mit allen anderen verbunden zu sein als auch uns unseren eigenen Freiraum abzustecken.

Wenn wir schon in unserem Leben Zäune kaum verhindern können, sollten wir dafür sorgen, daß es viele von beiden Seiten bedienbare Türen gäbe ...

ZAUN

WIEDERENTDECKTES

BEIM KRAMEN HABE ICH ES GEFUNDEN, in die Hand – und mir Zeit genommen. Da liegt nun die kleine Sternzeichenkette in ihrer schwarzgewordenen Silbrigkeit zwischen meinen Fingern.
Ein Seufzer, ein kopfschüttelndes, stilles Lächeln ... Es war ein Teil von mir, ein Geschenk von ungeheurer Bedeutung. Es war mir soviel wert wie Vaterland, Ehre, Gottheit ... Alles hätte ich getan, um das Kettchen zu verteidigen. Wie konnte ich nur ...? Aber ich spüre, daß damals ein heiliger Ernst über der Sache lag. Es war ja ein Stück von einem Menschen, den ich zu lieben, ja: zu besitzen glaubte. Und es war zu einem Teil von mir, von unserer Beziehung, von unserem Leben ... geworden.
Ich habe nie an Sternzeichen geglaubt – und nun betrachte ich dieses ‚Ding', das ich vor fast 25 Jahren als Glücksbringer geschenkt bekam ... Ich weiß, wie intensiv ich damals lebte, litt, lachte, liebte – und, wie ich meinte, alles verlor. Jetzt, im Nachsinnen empfinde ich eine ganz intensive Beziehung zu uns damals. Über diesen Anhänger bin ich mit meiner Vergangenheit verbunden, und immer mehr Bilder von damals tauchen auf. „Himmel, war man damals grün", höre ich den Ältergewordenen in mir sagen! Nicht als Vorwurf – nur so, als Feststellung.
Die eigene Vergangenheit ist nie abgeschlossen. Sie ragt ins Heute hinein – und meine Betroffenheit verdeutlicht mir, daß es ein Teil meines erlebensfähigen Fundaments ist ...
Rückblickend erlebe ich mich als Gewordenen. Nicht konkrete Stationen der letzten Jahre tauchen vor mir auf, sondern Gefühlsqualitäten unterschiedlicher Ausprägung. Ich erlebe in diesen Minuten des Besinnens, wie der ‚vernünftige' Kopf immer öfter an der Existenzberechtigung der intensiven Empfindungen herumgestaltet hat. Und ich spüre eine Verarmung ... Es sind zwar viele neue, schöne Ereignisse seitdem möglich geworden – aber diese intensive Schwere *und* Leichtigkeit zugleich ist nie wieder so recht entstanden. Ich ertappe mich dabei, wie ich das innerlich bedaure ... Es war auch die Zeit, in der ich schulisch größte Schwierigkeiten hatte, in der ich keine sinnvolle Zukunft zu sehen meinte ... War das schön?
Erinnerungen. Was sagen sie uns? Wohl vor allem, daß wir uns geändert haben und uns ändern ... Lehren sie uns nicht auch, unsere Kinder zu begreifen? Mahnen uns wiederentdeckte Erinnerungen nicht, sie zu pflegen, das Heute als neue Erinnerungen für das Morgen zu begreifen? Können, wollen wir unserer persönlichen Identität wegen überhaupt ohne Individualgeschichte sein?
Biographische Daten unseres Gewordenseins sind doch oft nur zum geringsten Teil in Lebensläufen nachlesbar: Sie sind tief emotional verwurzelt in unserer Person; ja, sie machen oft erst unsere Persönlichkeit aus. Wir benötigen Phasen des Erinnerns, um über unseren jetzigen Standort unsere Zukunft besser zu erkennen.
Wenn ich weiß, wo ich herkomme und wo ich jetzt bin, kann ich wohl auch eher Einfluß darauf nehmen, wo ich hingehe, hingehen möchte ...
Ich werde das Kettchen putzen und ihm zu neuem Glanz verhelfen!

LYNN
KARRIE
CARISSA
10/11/80

BRÜCKE

FAST – ABER EBEN NUR FAST – zufällig lasse ich mich nach einer Wanderung an einem Bach nieder, nachdem ich gerade eine kleine, steinerne Brücke überquert habe. Ich sehe sie jetzt. Sie ist schön. Moos und Farn quillt aus den Mauerritzen, Gras wächst an ihr empor, auf der anderen Seite ein Erlenbusch.
Wie alt sie wohl ist? Wer sie wohl gebaut hat? Warum wohl? Wieviele Menschenschicksale hier wohl schon von einer zu anderen Seite gewechselt sind?
Das ist es: von einer Seite zur anderen.
Brücken verbinden, was getrennt war. Das Feste überspannt das Wasser. Brücken sind Kreuze. Oben ist der begehbare Pfad und unten das trennende Wasser. So war es wohl früher: Man legte Knüppel in sumpfiges Gelände, um es durchqueren zu können. Sicherlich werden über Bäche gestürzte Bäume den Weg zum Stegbau gewiesen haben. Damit brauchten unsere Vorfahren nicht mehr nur an Furten siedeln, sondern konnten auch breitere Bäche mit Hilfe von Brücken überqueren.
Brücken wurden zum Wahrzeichen ganzer Regionen, gaben sogar Städten den Namen, entwickelten sich zur dynamischen Enge zwischen allen Himmelsrichtungen: die Brücke als Nadelöhr der Handelsfahrer, später der militärischen Aufmarschpläne.
So, wie das Brückenbauen zur Öffnung nach Außen diente, sollte das Brückenzerstören Bewegung, Bedrohung ... verhindern.
Noch heute benutzen wir sprachlich diese Phänomene: Wenn wir jemandem entgegenkommen wollen, ‚bauen wir goldene Brücken‘. Wenn wir keinen Kontakt mehr zum Zurückliegenden wollen, ‚brechen wir alle Brücken ab‘. Und gelingt es uns, zwischen zerstrittenen Parteien eine Verständigung herzustellen, haben wir eine ‚Brücke geschlagen‘ oder eine Störung ‚überbrückt‘.
Brückenbauer sind wohl immer für ihre Völker und Stämme bedeutsame Menschen gewesen. Ich denke an Lianenbrücken über reißende Urwaldflüsse; weiß aber auch, daß zum Beispiel die Rheinbrücken nach Frankreich einen hohen Stellenwert besitzen. Im Gebirge bedeuten ein Steg oder eine Hängebrücke über reißende Wildbäche oft Abkürzungen von Tagen! Die ‚Luftbrücke‘ nach Berlin rettete Freiheiten ...
Brücken beschleunigen, vereinfachen – wir können uns unser Leben ohne Brücken gar nicht mehr vorstellen.
Es will mir aber auch scheinen, daß unsere zwischenmenschlichen Kontakte voller Brükken sein müssen – und wir sollten vertrauensvoll über solche Wege zueinander gehen können. Wollen wir uns aufeinander ver-lassen, ver-lassen wir die Sicherheit eines Ufers, um zum anderen hinüberzugelangen. Gute Worte sind Brücken; die hilfreiche Geste, das Lächeln ... sind Brücken über Abgründe. Abgründe sind umweghaft und ‚drachenvoll‘.
Auch im ganz persönlichen Bereich ist unser wechselseitiges Vertrauen die Brücke vom Ich zum Du – und umgekehrt. Auf Worte wie Brücken muß Verlaß sein – und sie müssen gepflegt werden.
Ich sitze am Bachrand. Meine Assoziationen zu dieser Brücke und zu allen Brücken mag in dem Wort Aussöhnung gipfeln: Wo Brücken zueinander bestehen und benutzt werden, kann Frieden herrschen.

GETÄUSCHTES GLÜCK

ICH STEHE AN DER GROSSEN WERBEWAND – und wie man sich, aus dem Hellen kommend, ans Dunkle gewöhnen muß, tasten sich die Augen mühsam hinein in diese Welt voller süßer Versprechungen.

Schöne Menschen, ein Hauch von Luxus oder Abenteuer, alle Attribute der männlichen Männlichkeit und der erregenden Weiblichkeit sprechen unter der Schwelle des eigentlich Bewußten Begehrlichkeiten in uns an.

Es sind weniger die Produkte, für die geworben wird, als vielmehr das Drumherum: diese fröhlich-lockeren Menschen in vertrauter Verbundenheit; die Häuser sind in ihrer Exklusivität nur angedeutet; der schöne Rasen mit den alten Bäumen oder das Segelboot; auch die moderne Kleidung, die strahlende Gesundheit ... alles atmet Lust!

Und alles suggeriert: Rauche x, trinke y, tue z ..., und Du kannst Anteil haben an diesem Leben!

Die Verführung gelingt unterschwellig: Sie spricht den Menschen über seine oft uneingestandenen Gefühle dort an, wo er am anfälligsten ist. Er möchte Sorgen, Nöte, Schwierigkeiten und Konflikte abwerfen ..., er möchte *jetzt* Genuß, ohne an die spätere Rechnung zu denken: Schulden und damit Einschränkung; beeinträchtigte Gesundheit und damit ebenfalls Begrenzungen ...

Wer – so sagt mir die Plakatwand – Schmerzen hat, ‚sprudelt' sie weg! So einfach ist das! Und so lustig. Wer Kontaktschwierigkeiten hat, sollte einmal diese Zahnpasta probieren ... und wenn man jene Automarke fährt, gehört man zu den sportlich-dynamischen Typen, die stets wissen, wo es langgeht ...

Gedanklich fallen mir die dümmsten Werbesprüche aus Rundfunk oder Fernsehen ein; und zugleich weiß ich, daß jene Werbeagenturen, die solches erfunden haben, nicht dumm sind ... Es ärgert mich, daß ich die dümmlichen Spots behalten habe – und kann mich nur dadurch dagegen wehren, daß ich *diese* Produkte nicht kaufe! Ich zahle doppelseitige Glanzbroschürwerbungsseiten mit, wenn ich ... Nein! Nein!

Aber es ist nicht das Geld, was mich in erster Linie ärgert! Es ist die völlig irrwitzige Verzerrung der Wirklichkeit. Es ist der psychologische Betrug am nur scheinbar mündigen Bürger; geschickt werden primitive Triebregungen des Menschen angesprochen: Versprechungen werden nur scheinbar gegeben und wohl wirklich geglaubt. Wir sitzen unserem Wunschdenken auf und halten das dann möglicherweise für Hoffnung!

Vor dieser Plakatwand wird mir unsere menschliche Verführbarkeit sehr deutlich: Um uns das Leben scheinbar schöner zu machen, geben wir uns der trügerischen Täuschung hin. Und versuche ich nicht auch, mich den geschönten Realitäten auszuliefern? So stabilisieren wir uns gegenseitig im vorgetäuschten Glück ...

Ich wende mich ab. Ich weiß, daß ich den Verführern nicht immer entgehen kann ..., aber ich möchte wachsam bleiben!

FARROW'S
J.D. FARROW'S. PECCATORI DAI BLUE JEANS IN

WER KENNT DENN NOCH DAS STUNDENGLAS? Unsere modernere Zeit ist auf Hundertstel-Sekunden-Anteile zerhackt; mit Sanduhren messen wir nur selten noch die Kochzeit der Eier oder manchmal den Acht-Minuten-Takt von Telefongesprächen ...
Ich besitze eine große Sanduhr. Zeit läuft über eine halbe Stunde hindurch. Man sieht seine Zeit! Man sieht, wieviel man noch hat – und man sieht, wieviel bereits verronnen ist.
Die Sanduhr hat einen hohen Symbolwert. Gevatter Tod wird in alten Stichen stets mit Sense und Sanduhr abgebildet, um die Endlichkeit zu signalisieren. Zeit und Tod sind Geschwister – gerecht gegenüber jedermann. Weder Geld noch sonst etwas kann das eine oder das andere kaufen. Unerbittlich laufen die Körner des Eben durch die Enge des Jetzt in das Vorhin ...
Schon als Kind faszinierte mich die Enge zwischen den Zeitenspeichern. Welches Korn läßt welchem den Vortritt? Gibt es ein System? Müßige Fragen ... und trotzdem!
Ich sehe die Sanduhr in der Sonne stehen und weiß, daß jedes Teilchen zur Hälfte sonnenbeschienen *und* im Schatten ist! Ich ahne, daß jedes Sandkörnchen wie jedes Ereignis in unserem Leben ist: sowohl als auch. Die Ereignisse lagern unten kegelförmig, sacken immer wieder zusammen, ruhen in sich, werden zugedeckt ... Ich sehe den ewigsteten Fall der Zeit, sehe, was übrigbleibt von meinen Minuten.
Ein heilsamer Prozeß für Klienten: Sie sehen ihre ihnen verbleibende Zeit. Sie können sich einstellen. Die sichtbare Zeit diszipliniert! Nur zu gern hängen wir der Utopie nach, daß wir noch unermeßlich viel Zeit hätten, obwohl wir uns oft in alltäglicher Zeitnot erleben.
Das ist für mich ein erlebter Widerspruch: „Ich habe es eilig!“, sagt ein Ruheloser – und zugleich meint er, für die wesentlichen Dinge später noch unendlich viel Zeit zu haben.
Ich möchte Menschen Sanduhren schenken. Ich möchte sie sanft zwingen, Korn für Korn ihre Zeit zu messen: jeder Gedanke ein Korn, jedes Korn ein Tag, jeder Tag ein Stück Zeitbewußtsein ... „Wer auch nur eine Stunde seiner Zeit zu vergeuden wagt, hat den Sinn des Lebens noch nicht erkannt“, hat Darwin gesagt. Und Schiller sagt im „Wallenstein“: „Die Uhr schlägt keinem Glücklichem.“ Das ist kein Widerspruch! Der Glückliche nutzt jede Einheit seiner Zeit optimal. Für mich ist es ein Zeichen der Macht über sich selbst, über seine Zeit maximal verfügen zu können, sich Zeit für Wichtiges freihalten zu können – überhaupt Wichtigkeiten zu erkennen.
Ist Zeit wichtig? Meine Sanduhr verdeutlicht mir Zeit-Abläufe, unwiederbringbare Zeit. Jedes Zeitteilchen, das fällt, ist dahin. Und ich kann auch das geschehen lassen. Ich kann zulassen, daß Zeit verrinnt, in der ich nichts tue, denke, habe, will ... einfach nur da bin. Ich bin in der Zeit, ich bin ein Teil der Zeit, die vergeht. Ich sehe ein Ende und kann genau das annehmen.
Meine Sanduhr steht wochenlang unumgedreht still. Dann drehe ich sie und schaue ihr gegen die Sonne zu. Ich mache mir meine Gedanken, atme zuweilen tief, lächle dann wieder froh – und wende mich meinen Aufgaben zu.

Knud Eike Buchmann arbeitet als Psychotherapeut und lehrt als Dozent für Psychologie an einer Fachhochschule. Zunehmend „verdichtet“ er in seinen Texten das Spektrum der menschlichen Erlebensweisen. Er ist Autor mehrerer kleiner Bücher zur Thematik der seelischen Gesundheit.
Bisher bei Herder erschienen: Flügelschlag der Seele (1985). In der Herder-Bücherei erschienen: Nimm Dein Schicksal in die Hand (Bd. 948), Lebe jetzt! (Bd. 1120), Du selbst bist deines Glückes Schmied (Bd. 1179), So lebst du besser (Bd. 1299).

Anselm Spring, geboren 1943 in Landsberg am Lech. Nach seiner Tätigkeit als Bildjournalist, Werbe- und Modefotograf Hinwendung zu engagierter Fotografie. Zahlreiche Veröffentlichungen in GEO, STERN, NATUR und FAZ-Magazin sowie in vielen anderen, auch internationalen Zeitschriften. Außerdem Tonbildschauen, Bildbände (z. B. Babylon/USA in der Edition Braus, Heidelberg) und zwei Langspielplatten.
Bisher bei Herder erschienen: Flügelschlag der Seele (1985), Bretagne – wie wir sie lieben (1986), Toscana – wie wir sie lieben (1986), Daß dir die Sonne wieder lacht (1986), Vater Himmel – Mutter Erde (1986), Macht der Schönheit (1987).

2. Auflage

Grafische Gestaltung: Elisabeth Petersen

Reproduktionen: rete Grafische Kunstanstalt GmbH, Freiburg
Herstellung: Freiburger Graphische Betriebe 1987
ISBN 3-451-20945-4